Aus dem Französischen übersetzt
Originaltitel: »La réincarnation«

Omraam Mikhaël Aïvanhov

DIE REINKARNATION

312 De

PROSVETA VERLAG

Der Text dieser Broschüre entstammt den Büchern: »Der Mensch erobert sein Schicksal« (Band 202) und »Die kosmische Moral« (Band 12)

ISBN 978-3-89515-003-6

Druck 2010: Interpress, Ungarn

I

Heute möchte ich über die Reinkarnation sprechen, denn ich sehe, dass dieses Thema einige von euch manchmal beschäftigt und beunruhigt. Sie wurden immer dahingehend unterrichtet, dass der Mensch nur einmal lebe. Da sie nun von Reinkarnation sprechen hören, sind sie verwirrt, und in ihrem Kopf herrscht Unklarheit.

Über dieses Thema könnte man sich lang und breit auslassen und zum Beispiel darlegen, wie die Tibeter, die Hindus und die Ägypter darüber dachten, welche Arbeiten und Erfahrungen sie diesbezüglich gemacht haben. Jedoch möchte ich mich darauf beschränken, einige Bibelstellen auszulegen, und euch beweisen, dass Jesus selbst über die Reinkarnation Bescheid wusste und sie als gegeben ansah. Nun werdet ihr einwenden, dass ihr alle Evangelien durchgelesen und nirgendwo das Wort »Reinkarnation« gefunden habt. Aber darauf gebe ich euch zur Antwort, dass es nicht weiter erstaunlich ist, wenn zu einer Zeit, in der alle an die Reinkarnation glaubten, diese nicht besonders erwähnt wird. Wie konnten die Evangelisten denn ahnen, dass sie in Hinblick auf eine Zeit, in der die Menschen nicht mehr daran glauben würden, besonders davon sprechen müssten? Sie haben so wenig in ihren Schriften berichtet, dass sie nicht extra zu etwas Stellung nahmen, was schon zur Tradition gehörte. Das überzeugt euch nicht?... Nun, gut, ihr werdet nachher schon überzeugt sein.

Befassen wir uns in den Evangelien einmal mit bestimmten Fragen, die von Jesus oder von den Jüngern gestellt wurden, und mit den darauf gegebenen Antworten. Eines Tages fragte Jesus seine Jünger: »Was sagt man von mir, wer ich sei?« Was bedeutet denn diese Frage? Habt ihr schon mal jemanden fragen hören: »Was sagt man von mir, wer ich sei?« Sie wissen, wer sie sind, und fragen sich nicht, was die anderen darüber sagen. Um eine solche Frage zu stellen, muss man an die Reinkarnation glauben. Und seht nur, was die Jünger antworten: »Die einen sagen, du seist Johannes der Täufer, die anderen sagen, du seist Elia und wieder andere meinen, du seist Jeremia oder einer der Propheten.« Wie kann man sagen, jemand sei dieser oder jener, der schon seit langem gestorben ist, wenn man nicht die Vorstellung der Reinkarnation mit einbezieht?

Ein andermal begegnen Jesus und die Jünger einem Menschen, der von Geburt an blind ist, und die Jünger fragen: »Rabbi, wer hat gesündigt, dieser Mann oder seine Eltern, dass er blind geboren wurde?« Hier ist es genauso. Würde man solche absurden Fragen stellen, wenn man nicht an die Reinkarnation glaubte? Wann hätte denn dieser Mann im Mutterleib sündigen sollen? In welche Kneipe oder in welches Nachtlokal ist er denn wohl gegangen? Oder welche unehrlichen Geschäfte hat er wohl gemacht? Wen mag er umgebracht haben? Entweder ist diese Frage unsinnig oder aber sie schließt den Glauben an ein früheres Leben mit ein.

Nun mögt ihr einwenden: »Ja, aber die Jünger Jesu waren ungebildete Leute; es heißt, sie seien Fischer gewesen. Da konnten sie schon einmal etwas seltsame Fragen stellen.« Wenn das der Fall gewesen wäre, hätte Jesus sie gewiss darauf aufmerksam gemacht. Man sieht in den Evangelien, dass er in bestimmten Fällen nicht zögerte, seine Jünger zurechtzuweisen. Hier weist er sie jedoch nicht zurecht, sondern antwortet einfach: »Weder er noch seine Eltern haben gesündigt...« Auch das ist eine wichtige Stelle. Die Jünger hatten gefragt, ob die Eltern gesündigt hätten und ob deshalb ihr Sohn blind zur Welt gekommen sei, da sie nach dem hebräischen Gesetz gelernt hatten, dass jede Anomalie, jedes Gebrechen und jedes Unglück auf eine Übertretung der Gesetze zurückzuführen ist, dass aber oftmals jemand für einen anderen die Schuld sühnen kann. Und wenn man demnach also jemanden im Unglück sah, so konnte man nicht wissen, ob er für seine eigenen Fehler büßte oder ob er sich für jemand anderen opferte. Jedenfalls glaubten die Juden das.

Da nun alles, was einem Übles widerfahren kann, die Folge einer Gesetzesübertretung ist, stellten die Jünger also diese Frage. Sie wussten ja, dass ein Mensch nicht ohne Grund blind zur Welt kommen kann... oder einfach nur, weil es Gott gerade so gefällt, ihn blind sein zu lassen, wie die Christen sich das vorstellen! Jesus antwortete also: »Weder er noch seine Eltern haben gesündigt, sondern dies ist geschehen, damit die Werke Gottes an ihm offenbar werden.« Das soll heißen, damit ich ihn heilen kann, wenn ich vorbeikomme, und damit das Volk an mich glaube. Und dann hat er ihnen erklärt: »Ihr habt gelernt, dass die Menschen aus zwei Gründen leiden müssen. Entweder haben sie gesündigt und müssen das sühnen oder, ohne selbst gefehlt zu haben, nehmen sie das Karma von jemand anders auf sich; sie opfern sich, um sich zu entwickeln. Es gibt aber noch eine dritte Gruppe. Diese haben ihre Entwicklung beendet, sie sind frei und durch nichts gezwungen, wieder auf die Erde zu kommen. Und doch kommen sie oftmals wieder, da sie es auf sich nehmen, irgendeine Krankheit, ein Leiden oder ein Gebrechen zu ertragen oder sogar zum Märtyrer zu werden, um so der Menschheit zu helfen. Nun, dieser Blindgeborene gehört dieser dritten Gruppe an. Weder er noch seine Eltern haben gesündigt. Er ist mit diesem Leiden auf die Welt gekommen, damit er durch mich geheilt werde und alle an mich glauben.« Dadurch hat dieser Mann viele Menschen gerettet.

Und falls ihr noch nicht überzeugt seid, habe ich noch weitere Argumente. Jesus erfährt eines Tages, dass Johannes ins Gefängnis gekommen ist, und im Text heißt es dann nur: »Als Jesus von der Gefangennahme des Johannes erfuhr, zog er sich nach Galiläa zurück.« Einige Zeit darauf wird Johannes auf Befehl des Herodes enthauptet. Nach seiner Verklärung fragen die Jünger Jesus: »Warum sagen die Schriftgelehrten, dass Elia zuvor kommen muss?« Und Jesus antwortet: »Es ist wahr, dass Elia kommen muss und alles richten; aber ich sage euch, Elia ist schon gekommen, und sie haben ihn nicht erkannt, sondern mit ihm getan, wie sie es wollten.« Dann heißt es weiter im Text: »Da verstanden die Jünger, dass er von Johannes dem Täufer sprach.« Daraus geht klar hervor, dass Johannes die Wiedergeburt von Elia war. Übrigens berichten die Evangelien auch, dass ein Engel Zacharias, dem Vater von Johannes, erschien, um ihm zu verkünden, dass seine Frau Elisabeth einen Jungen zur Welt bringen würde, und er sagte: »Er wird vor Gott hergehen in Geist und Kraft des Elia.«

Schauen wir uns nun einmal das Leben des Propheten Elia an, um herauszufinden, was er getan hat, dass er enthauptet wurde, als er sich später als Johannes der Täufer wieder inkarnierte. Das ist eine sehr interessante Geschichte. Elia lebte zur Zeit des Königs Ahab. Dieser hatte Isebel geheiratet, die Tochter des Königs von Sidon, und ihretwegen betete er Baal an. Elia ging nun hin zu dem König Ahab und machte ihm Vorwürfe wegen seiner Untreue gegenüber dem Gott Israels und sagte zu ihm: »Es soll diese Jahre weder Tau noch Regen kommen, es sei denn, ich sage es.« Dann ging er auf Weisung Gottes fort und versteckte sich in den Bergen, um so den Verfolgungen des Königs zu entgehen. Nach drei Jahren hatte die Trockenheit im ganzen Land eine große Dürre hinterlassen. Das Volk litt Hunger, und Gott sandte Elia erneut zu Ahab. Sobald der König ihn erblickte, warf er ihm zornig vor, an dieser Dürre schuld zu sein. »Nein,« entgegnete der Prophet, »die Schuld liegt bei dir, da du den Herrn verlassen hast, um dem Gott Baal zu dienen. Jetzt werden wir aber sehen, wer der wahre Gott ist. Befehle, dass alle Propheten des Baal sich auf dem Berg Karmel versammeln sollen.« So wurden alle Propheten zusammengerufen, und Elia sprach: »Bringt nun zwei Stiere herbei. Wir wollen zwei Altare errichten, einen für Baal und einen für den Herrn. Die Propheten sollen Baal anrufen, und ich werde den Herrn anrufen. Der Gott, der durch das Feuer antwortet, ist der wahre Gott.«

Die Propheten machten den Anfang; vom Morgen bis zum Mittag riefen sie ihren Gott an: »Baal... Baal... Baal... gib uns Antwort...« Aber es kam keine Antwort, und Elia spottete: »Ruft ein wenig lauter, damit er euch hört. Vielleicht ist er beschäftigt oder er ist unterwegs oder aber er schläft.« Die Propheten riefen noch lauter, und da sie auch Magie praktizierten, machten sie sich Einschnitte am Körper, weil sie hofften, durch das ausfließende Blut Larven und Elementargeister anzuziehen, die dann Feuer an den Altar bringen sollten. Aber es geschah nichts. Darauf sprach Elia: »Das ist nun genug; man bringe mir zwölf Steine.« Mit diesen Steinen baute er einen Altar, um den ein Graben gezogen wurde. Auf die Steine legte er Holz und auf das Holz den zerlegten Stier. Dann ließ er alles mit Wasser übergießen und füllte auch den Graben damit. Nun war alles bereit, und Elia rief den Herrn an: »Herr, Gott Abrahams, Isaaks und Israels, lass heute kundwerden, dass Du Gott in Israel bist, dass ich Dein Diener bin und dass ich alles nach Deinem Wort getan habe!« Und das Feuer fiel mit solcher Gewalt vom Himmel, dass es alles verzehrte. Es blieb weder etwas vom Opfertier übrig, noch vom Holz, von den

Steinen oder vom Wasser. Das entsetzte Volk erkannte, dass der wahre Gott der Gott von Elia war. Darauf ließ Elia, den der Sieg wohl etwas zu stolz gemacht hatte, die vierhundertfünfzig Propheten des Baal zu einem Bach hinführen, wo er ihnen den Kopf abschlug.

Darum war damit zu rechnen, dass auch er einmal enthauptet würde. Denn es gibt ein Gesetz, das Jesus im Garten Gethsemane ausgesprochen hat, als Petrus sich auf den Diener des Kaiphas stürzte und ihm ein Ohr abschlug: »Petrus, stecke dein Schwert in die Scheide, denn wer zum Schwert greift, wird durch das Schwert umkommen.« Allerdings kann man in einem einzigen Leben nicht immer die Wahrheit dieser Worte erkennen. Denn gerade Elia, wie ist er gestorben? Nicht nur, dass er nicht umgebracht wurde, ihm wurde auch noch ein feuriger Wagen geschickt, mit dem er in den Himmel fuhr. Jedoch erhielt er die Strafe für seine Verfehlung, als er in der Person von Johannes dem Täufer wieder auf die Erde kam. Jesus wusste, wer er war und welches Schicksal ihn erwartete. Darum tat er nichts, um ihn zu retten, obwohl er über ihn Großartiges gesagt hatte: »Unter allen, die vom Weibe geboren sind, gibt es keinen, der größer ist als Johannes der Täufer.« Er hat nichts unternommen, weil die Gerechtigkeit ihren Lauf nehmen musste. Nun wird es klar, warum er das Land verließ, als er von seiner Gefangennahme erfuhr. Er durfte ihn nicht retten. Gesetz ist Gesetz.

Aber schauen wir weiter. Ich werde euch nun zeigen, dass nichts, weder in der Religion noch im sonstigen Leben, ohne die Reinkarnation einen Sinn bekommt. Geht einmal hin zu Priestern und Pastoren und verlangt Folgendes: »Erklären Sie mir, warum der eine Mensch reich, schön, intelligent und stark ist, warum ihm alles gelingt, was er unternimmt, und warum ein anderer krank, hässlich, arm, heruntergekommen und dumm ist.« Sie werden euch antworten, das sei so der Wille Gottes. Bisweilen werden sie euch auch von Vorsehung und von Gnade etwas erzählen; aber das wird euch keine bessere Erklärung geben. Auf jeden Fall ist es der Wille Gottes.

Analysieren wir also diese Antwort. Da Gott uns ein wenig Hirnsubstanz mitgegeben hat, lassen wir die nicht einrosten! Demnach hat Gott also Launen; Er macht, was Ihm gerade einfällt; Er gibt den einen alles und den anderen nichts? Gut, ich verstehe, Er ist Gott, es ist so Sein Wille. Das ist großartig, ich beuge mich. Aber dann finde ich es doch unverständlich, wenn Er nachher unzufrieden, zornig und gekränkt ist, wenn diejenigen, denen Er nichts Gutes gegeben hat, Verfehlungen begehen, böse, ungläubig und kriminell sind. Da es Gott ist, der den Menschen diese Mentalität, diesen Mangel an Intelligenz oder an Herzlichkeit mitgegeben hat, warum bestraft Er sie dann? Er, der Allmächtige, konnte Er sie nicht zu gutherzigen, ehrlichen, klugen, weisen, frommen, ja, einfach zu großartigen Menschen machen? Nun ist es nicht nur Seine Schuld, wenn sie Verbrechen begehen, nein, Er bestraft sie auch noch dafür! Also, da stimmt irgendwas nicht mehr. Er besitzt alle Macht, Er tut, was Er will, meinetwegen, deswegen kann man Ihm keinen Vorwurf machen. Aber warum handelt Er dann nicht konsequenter, logischer und gerechter? Dann sollte Er doch die Menschen zumindest in Ruhe lassen. Aber nein, Er wirft sie für alle Ewigkeit in die Hölle!

Und auch da, meine ich, passt etwas nicht zusammen. Ich würde sagen: »Wie lange haben sie gesündigt? Dreißig Jahre, vierzig Jahre? Gut, dann sollen sie auch vierzig Jahre in der Hölle bleiben, und nicht länger. Aber für alle Ewigkeit?!...« Also wirklich, da mache ich nicht mehr mit, damit bin ich nicht einverstanden. Überlegt doch einmal. Aber die Leute wagen es nicht zu überlegen, so sehr sind sie umwölkt von dem, was ihnen beigebracht wurde. Es scheint ja bald so, als sei es ein Verbrechen zu überlegen; und wofür ist dann die Intelligenz gut? Wenn Gott sie uns schon gegeben hat, was sollen wir dann damit anfangen?

Wenn man hingegen die Reinkarnation akzeptiert, wenn man sich mit dieser Anschauung näher befasst und sie versteht, dann ändert sich alles.

Gott ist wirklich der größte, edelste und gerechteste Herr des Universums, und wir begreifen, dass es unser Fehler ist, falls wir arm, dumm und unglücklich sind, weil wir es nicht verstanden haben, alles, was Er uns ursprünglich mitgegeben hat, gut zu nutzen. Wir wollten kostspielige Erfahrungen machen. Und da Er, der Herr, großmütig und tolerant ist, hat Er uns gewähren lassen und sich gesagt: »Nun gut, sie werden leiden und sich den Kopf einrennen, aber das macht nichts. Ich werde ihnen weiterhin meine Schätze und meine Liebe schenken... und sie haben ja noch viele Inkarnationen vor sich.« Also hat Er uns die Freiheit gelassen; und wenn uns Übles widerfährt, so ist es unsere eigene Schuld. Warum hat die Kirche alle Verantwortung für unser Schicksal auf den Herrn abgewälzt? Nun werdet ihr sagen: »Aber das hat sie doch gar nicht gemacht. Sie hat doch nur den Glauben an die Reinkarnation abgeschafft.« Wenn man darüber nachdenkt, läuft das aber doch eigentlich auf das Gleiche hinaus.

Bis ins vierte Jahrhundert hinein glaubten die Christen an die Reinkarnation, so wie die Juden, die Ägypter, die Hindus, die Tibeter usw. Aber wahrscheinlich haben sich die Kirchenväter gesagt, dass dieser Glaube die Dinge nur in die Länge ziehen würde, denn damit hätten die Leute es wohl nicht eilig, sich zu bessern. Und indem sie nun den Glauben an die Reinkarnation abschafften, wollten sie die Menschen antreiben, die Vollkommenheit in einem einzigen Leben anzustreben. Im übrigen hat sich die Kirche dann nach und nach derart schreckliche Dinge einfallen lassen, um die Menschen einzuschüchtern, dass man im Mittelalter nur noch an den Teufel, die Hölle und die ewige Verdammnis glaubte. Die Kirche hat also den Glauben an die Reinkarnation abgeschafft, weil sie meinte, sie könnte die Menschen auf diese Weise dazu bewegen, sich schneller zu bessern. Aber diese haben sich nicht nur keineswegs gebessert, sie sind sogar schlimmer geworden... und dazu auch noch unwissender! Darum muss man diesen Glauben nun wieder annehmen, denn sonst stimmt einfach nichts. Das Leben hat sonst keinen Sinn, der Herr ist ein Ungeheuer usw.

Die Frage der Reinkarnation ist bereits sehr ernsthaft untersucht worden. Darum brauche ich mich hier nicht eingehender damit zu befassen. Es gibt genügend Bücher zu diesem Thema; man denke nur an die Art und Weise, wie die Tibeter den Dalai Lama herausfinden. Ich will euch nur noch von einem besonderen Fall erzählen, den ich in Bulgarien erlebt habe.

In der Bruderschaft in Sofia war ein Elternpaar eines Tages sehr bestürzt, weil ihr Kind so unverständliche Dinge redete. Sie erzählten, dass sie es einmal auf einem Spaziergang zu einem Ort mitgenommen hatten, den es zuvor noch nie gesehen hatte. Und dort rief es aus: »Oh, ich kenne diesen Ort; ich bin schon einmal hier hergekommen.« Es konnte sogar die Umgebung beschreiben, und alles stimmte überein. Dabei war es doch ein Ort, wo es noch nie hingekommen war. (Die Eltern wussten allerdings, dass ihr erstes Kind hier hingegangen war). »Erinnert ihr euch nicht? Auf dem Schulweg habe ich mich hier versteckt... und dort drüben im Fluss bin ich ertrunken.« Das war tatsächlich der Ort, an dem ihr erstes Kind ertrunken war, aber dieses wusste nichts davon; niemand hatte ihm jemals etwas darüber gesagt. Dies war also ihr erstes Kind, das sich wieder in der gleichen Familie inkarniert hatte. So etwas ist sehr selten, aber es kann vorkommen. Bis zu ihrem siebten Lebensjahr kann man Kinder über solche Dinge befragen; sie erinnern sich an vieles. Anstatt ihnen jedoch zuzuhören, gibt es Mütter, die ihnen einen Klaps geben und sagen: »Du erzählst Unfug, sei still.« Das machen sie einmal, zweimal, dreimal... und auf die Dauer wagen es die Kinder nicht mehr, noch etwas zu erzählen.

Ich habe euch nun gezeigt, dass bestimmte Passagen der Evangelien, obwohl das Wort »Reinkarnation« darin nicht geschrieben steht, doch deutlich machen, dass der Glaube daran zur Überlieferung gehörte. Dazu kann ich euch ein weiteres Beispiel geben. In einem Abschnitt sagt Jesus: »Ihr sollt vollkommen sein, gleichwie der Vater im

Himmel vollkommen ist.« Was soll man von diesem Satz halten? Entweder sagt Jesus das ganz unüberlegt, wenn er von so unvollkommenen Menschen verlangt, sie sollen in einigen Jahren die Vollkommenheit des Himmlischen Vaters erlangen oder aber er ist sich über Seine Größe überhaupt nicht im Klaren und bildet sich ein, dass es ganz einfach sei, so zu werden wie Er. In beiden Fällen spricht das nicht für Jesus. In Wirklichkeit schließt jedoch dieser Satz die Reinkarnation mit ein. Jesus meinte nicht, der Mensch könne in einem einzigen Leben vollkommen werden. Aber er wusste, dass man durch den beständigen Wunsch und ständiges Bemühen nach vielen Inkarnationen schließlich das Ziel erreichen würde.

Und was hat Moses zu Beginn der Schöpfungsgeschichte geschrieben, dort wo von der Erschaffung des Menschen die Rede ist? »Und Gott sprach: Lasset uns Menschen machen, ein Bild, das uns gleich sei, die da herrschen über die Fische im Meer und über die Vögel im Himmel und über das Vieh... Und Gott schuf den Menschen nach Seinem Bilde, zum Bilde Gottes schuf Er ihn.« Und was ist aus dieser Übereinstimmung nun geworden? Gewiss hatte Gott die Absicht, den Menschen nach Seinem Bilde und Ihm gleich zu erschaffen, also ebenso vollkommen wie Er selbst es ist; aber Er hat es nicht getan. Er hat ihn lediglich nach Seinem Bild erschaffen, mit den gleichen Anlagen, ohne ihm jedoch die Fähigkeiten voll entwickelt zu geben, also ohne die völlige Übereinstimmung.

Schaut euch eine Eichel an. Sie ist nach dem Bild ihres Vaters, der Eiche, geschaffen; das heißt, sie birgt die gleichen Anlagen in sich. Jedoch gleicht sie der Eiche nicht; sie ist noch nicht genau wie diese, sondern sie wird erst so, wenn sie in den Boden gesteckt wird. Der Mensch ist nach dem Bilde Gottes geschaffen; das heißt, er besitzt Weisheit, Liebe und Kraft, jedoch in welch geringem Maß im Vergleich zur Weisheit, Liebe und Kraft des Schöpfers. Wenn er sich dann aber entwickelt, wird er mit der Zeit Ihm immer ähnlicher bis er Ihm dann eines Tages gleicht; dann wird er Seine Tugenden voll entwickelt besitzen. Ihr seht also, dass die Entwicklung vom Abbild bis hin zur völligen Übereinstimmung den Gedanken der Reinkarnation mit einschließt. Gott sprach: »Lasset uns Menschen machen, ein Bild, das uns gleich sei«, aber Er hat es nicht völlig getan. »Und Gott schuf den Menschen zu seinem Bilde, zum Bilde Gottes schuf Er ihn.« Darin, dass im nachfolgenden Satz der Teil »...das uns gleich sei« weggelassen ist, während das Wort »Bild« wiederholt wird, hat Moses den Gedanken der Reinkarnation versteckt.

Aber die Leute verstehen es nicht, die Bücher zu lesen... und noch viel weniger das große Buch der lebendigen Natur, in welches ebenso die Reinkarnation eingeschrieben ist. Nehmen wir einmal das Bild eines Baumes. Allein die Kabbalisten haben das Bild des Baumes wirklich verstanden; und sie haben daraus ein Symbol für das Universum gemacht. Alle Geschöpfe finden irgendwo in diesem Baum ihren Platz, sei es als Wurzeln, Rinde, Blätter, Blüten oder Früchte. Nach ihrem sehr tiefen Wissen hat alles, was lebt, auch alle Tätigkeiten und alle Regionen, seinen Platz im Baum des Lebens. In den verschiedenen Jahreszeiten fallen die Blätter, die Blüten und die Früchte vom Baum. Diese zersetzen sich, sie werden zu Dünger und werden dann über die Wurzeln wieder aufgenommen. Das Gleiche gilt für alle Lebewesen. Wenn ein Mensch stirbt, wird er über die Wurzeln des kosmischen Baumes wieder in diesen aufgenommen. Bald erscheint er jedoch wieder in neuer Gestalt, als Zweig, Blüte oder Blatt... Nichts geht verloren; unaufhörlich verschwinden die Wesen und erscheinen von neuem auf diesem großartigen Baum, dem Baum des Lebens.

Ihr seht, das Prinzip der Reinkarnation trifft man überall an. Wo denn noch? Im Wasserkreislauf der Natur. Das Wasser der Meere verdampft und steigt in die Luft. Dann fällt es woanders als Schnee oder Regen wieder herab und kehrt schließlich zum Meer zurück. Der Wassertropfen verschwindet nicht einfach; er unternimmt eine große Reise, um die Welt zu erforschen. Zuerst steigt er gen Himmel, fällt wieder herab auf die Berge, fließt in die Täler, sickert bis in tiefliegende Erdschichten hinab und nimmt dabei die verschiedensten Färbungen an, gelb, rot oder grün... Das Wasser steigt also auf und kommt dann wieder herab; auch daran lässt sich das Gesetz der Reinkarnation ablesen. So wie der Wassertropfen unternimmt jedes geistige Wesen eine Reise, um dadurch Erfahrungen zu sammeln und der Vollkommenheit zuzustreben.

Wollt ihr ein weiteres Argument hören? Nun, gut. Wenn ihr abends schlafen geht, legt ihr eure Kleider ab. Ein Kleidungsstück nach dem anderen zieht ihr aus: Jacke, Hemd, Unterhemd... Das Schlafengehen am Abend ist ein Symbol für den Tod. Die Kleidung, die ihr ablegt, stellt die verschiedenen Körper dar, von denen ihr euch nach und nach befreien müsst, zuerst einmal vom physischen Körper, dann, einige Zeit darauf, nach vielleicht ein oder zwei Wochen vom Ätherkörper. Danach kommt der Astralkörper; das dauert sehr viel länger, denn auf der Astralebene befinden sich die Leidenschaften, die Begierden und die niederen Empfindungen. Genau das ist die Hölle, die Astralebene und die niedere Mentalebene, wo man einige Zeit zubringen muss, um sich zu läutern... Danach befreit ihr euch vom Mentalkörper, und dort beginnt das Paradies mit dem ersten, zweiten, dritten Himmel usw. Der Überlieferung zufolge gibt es sieben. Erst wenn man alles völlig abgelegt hat, betritt man ganz nackt den siebten Himmel, »völlig nackt«, das heißt geläutert, ohne Dinge, die einem noch anhaften.

Der Morgen entspricht der Rückkehr des Menschen auf die Erde, der Geburt des Kindes. Man zieht sich wieder an: Unterhemd, Hemd usw. Wenn das Kind auf die Erde kommt, umhüllt es sich zuerst mit den feinstofflichen Körpern, dem Atman-, Buddha- und Kausalkörper, dann mit dem Mental-, Astral- und Ätherkörper und schließlich schlüpft es in den physischen Körper. Ihr seht, jeden Abend zieht man sich aus, und jeden Morgen kleidet man sich wieder an. Das geht jahrein, jahraus immer weiter so, und doch wurde nie über diese Handgriffe nachgedacht noch erkannt, dass sie dem Prozess der Einverleibung und dem Verlassen des Körpers, also Geburt und Tod entsprechen. Verstände man es hingegen, die alltäglichen Handlungen, all die Handgriffe, Tätigkeiten und Verhaltensweisen zu deuten, ebenso wie den Verdauungsvorgang, die Atmung usw., dann würde man enorme Entdeckungen machen. Denn alle Geheimnisse des Universums spiegeln sich in unseren Gesten, Worten und Alltagshandlungen wider. Um sie allerdings richtig auszulegen, muss man an einer Einweihungsschule unterrichtet worden sein.

Bevor so manch einer an die Reinkarnation glaubt, wartet er ab, bis die Kirche diese offiziell anerkennt. Aber wann wird sie das tun? Schon oft hatte ich Gelegenheit, mit Vertretern der Kirche zu sprechen. Und ich habe festgestellt, dass viele von ihnen an die Reinkarnationslehre glauben. Nur wagen sie es aus Angst vor Schwierigkeiten nicht, darüber zu sprechen. Ich sage euch auf jeden Fall, solange ihr die Reinkarnationslehre nicht akzeptiert, werdet ihr niemals Klarheit bekommen über eure Situation und über die Geschehnisse in eurem Leben (warum man euch verfolgt und schlecht behandelt oder warum ihr immer wieder Hilfe und Unterstützung findet), noch darüber, wie ihr euch auf das nächste Leben vorbereiten müsst. Und wenn man die Wahrheit nicht kennt, welchen Weg soll man dann nehmen?...

II

Manch einer, der die Lebensgeschichten zahlreicher Heiligen, Propheten und Eingeweihten liest, sagt sich: »Sie haben gelitten, sie sind den Märtyrertod gestorben; wie kann das angehen? So ein Schicksal hatten sie doch nicht verdient.« Doch, das hatten sie; und der Grund dafür lässt sich in einem früheren Leben finden. Denn selbst wenn es einem gelingt, die göttliche Ordnung in sich wiederherzustellen, so heißt das nicht, dass damit auch schon alle Schuld beglichen und die Vergangenheit bereinigt ist. Nein, die Vergangenheit ist noch da und lässt noch nicht zu, dass man völlig frei sein Tätigkeitsfeld wählt. Man muss seine Schulden auf Heller und Pfennig begleichen.

Schaut doch nur, wie es den Jüngern Jesu ergangen ist. Sie waren um ihn, folgten seiner göttlichen Lehre, lebten im Licht und taten nichts Unrechtes... und weshalb wurden sie dann umgebracht oder den Raubtieren vorgeworfen? Warum hat Jesus ihnen nicht geholfen? Der Grund liegt darin, dass ihre Schuld aus der Vergangenheit noch nicht gesühnt war. In früheren Inkarnationen hatten sie manche Fehler begangen, die sie nicht wiedergutgemacht hatten, bevor sie ins Jenseits hinüber gegangen waren. Aus diesem Grund heißt es auch (die Menschen haben den Sinn dieser Ratschläge allerdings nicht verstanden): »Lass die Sonne nicht über deinem Zorn untergehen« oder auch »Gehe hin und versöhne dich mit deinem Bruder, bevor die Sonne untergeht.« Nimmt man diese Aussagen wörtlich, dann ist die Frist sehr kurz... besonders im Winter, wenn es früh dunkel wird! In Wirklichkeit geht es hierbei jedoch nicht um den Sonnenuntergang auf der physischen Ebene. In der Symbolsprache der Eingeweihten steht der Sonnenuntergang für den Tod des Menschen, für das Hinübergehen in die andere Welt. Er bekommt also eine ausreichend lange Frist von etlichen Jahren. Wenn diese Zeit aber einmal abgelaufen ist und wenn er nicht daran gedacht oder es nicht verstanden hat, seine Schuld zu bereinigen, dann tritt das Karmagesetz in Kraft, sobald die Sonne untergegangen ist. Alles wird aufgezeichnet, denn alles hinterlässt Spuren, die sich verhärten und auf den Urheber hinweisen. Eines Tages muss man dann die Schuld sühnen und es ist unmöglich, sich nun noch «gütlich zu einigen«, wie es so schön heißt. Auf Heller und Pfennig muss man jetzt für alles bezahlen.

Auch euch, die ihr doch in einer spirituellen Schule und im Licht seid, kann gelegentlich ein Unfall oder ein Unglück widerfahren. Nur weil man sich in einer Einweihungsschule befindet, ist man nicht gleich vor allem geschützt. Damit euch nichts Übles mehr zustößt, müsst ihr schon jegliche Schuld aus der Vergangenheit bereinigt haben. Schleppt ihr diese aber noch mit euch herum, so müsst ihr dafür sühnen, ob ihr nun der Lehre folgt oder nicht oder ob ihr euch nun im Licht befindet oder nicht, da ist nichts zu machen. Ihr seht, nun werden die Dinge klarer. Zwar befindet ihr euch in einer göttlichen Schule, ihr lebt im Licht und tut von nun an nur noch Gutes, jedoch müsst ihr auch wissen, dass dieses Gute erst in der Zukunft Ergebnisse bringt und nicht gleich im Augenblick. Wenn ihr also Schweres durchlebt, so müsst ihr dies akzeptieren und sagen: »Herr und Gott, das kann die gute Arbeit, die ich vollbracht habe, nicht zerstören. Es ist nur um so besser, wenn ich noch durch Schwierigkeiten hindurchgehen muss; denn das bedeutet ja, dass ich frei werde, und das ist sehr gut. Nun weiß ich, warum mir das zustößt. Ich werde mich nicht mehr dagegen auflehnen und auch nicht mehr verlangen, dass mir das erspart bleibt.«

Nun werdet ihr wohl fragen: »Ja, hatte denn auch Jesus noch ein Karma abzutragen, da er doch gekreuzigt wurde?« Nein, bei ihm liegen die

Dinge ganz anders. Damit kommen wir zur grundlegenden Frage des Opfers. Denn es gibt Menschen, die es auf sich nehmen, ihr Leben hinzugeben und großes Leid durchzumachen, obgleich sie nichts abzubüßen haben. Aber das sind Ausnahmen. Wenn man sich in diesem Punkt zum Thema der Wiedergeburt nicht genau auskennt, läuft man Gefahr, falsche Dinge darüber zu sagen.

Vom Standpunkt der Reinkarnation aus betrachtet, kann man die Menschen in vier Kategorien einteilen. Die erste Gruppe setzt sich aus denen zusammen, die sich durch ihren Mangel an Licht, Wissen, Gewissensskrupel und Sittlichkeit oftmals zu verbrecherischen Handlungen verleiten lassen. Sie übertreten folglich die Gesetze, beladen sich mit schwerer Schuld, und wenn sie sich dann erneut inkarnieren, geraten sie auf der Erde in Lebensumstände, unter denen sie leiden, damit sie so sühnen und wiedergutmachen können. Darum führen sie kein besonders glückliches Leben.

Die zweite Gruppe umfasst schon etwas weiter entwickelte Menschen, die sich um gute Eigenschaften und Tugenden bemühen, über die sie sich befreien können. Allerdings gelingt es ihnen nicht, durch die Arbeit einer einzigen Inkarnation alles wieder in Ordnung zu bringen. Darum müssen sie wiederkommen und ihre Arbeit vollenden. Dabei finden sie dann bessere Bedingungen vor, die es ihnen ermöglichen, nützlicheren und höher stehenden Tätigkeiten nachzugehen. Aber sie müssen auf jeden Fall wiederkommen, um alle Schuld der Vergangenheit zu bereinigen, bis sie völlig frei geworden sind.

In der dritten Kategorie findet man noch höher entwickelte Menschen, die nur auf die Erde zurückgekehrt sind, um bestimmte Aufgaben zu vollenden. Sie müssen nur Weniges in Ordnung bringen und zeichnen sich im Leben durch große Tugendhaftigkeit und ein sehr weites Bewusstsein aus; und sie verwenden ihre Zeit darauf, Gutes zu tun. Wenn solche Menschen die Erde wieder verlassen, haben sie ihren Auftrag vollendet und müssen dann nicht mehr zurückkehren.

Anstatt nun aber im Zustand unendlicher Seligkeit, ewigen Glücks und unermesslicher Freiheit zu verbleiben, wessen sie sich in der Nähe des Herrn ja sicher sind, verlassen einige von ihnen aus Erbarmen und Mitleid für die Menschen diesen wunderbaren Zustand. Sie steigen freiwillig zu den Menschen herab, um ihnen zu helfen und nehmen es sogar auf sich, getötet zu werden. Einige von ihnen, die eine zuvor begonnene Arbeit beenden wollen, können auch, ohne sich wieder zu inkarnieren, in einen hochentwickelten Menschen hineinkommen und durch ihn hindurch wirken. Jesus hatte diese Möglichkeit übrigens erwähnt als er sagte: »Wer die Gebote hält, zu dem werden mein Vater und ich kommen und in ihm Wohnung nehmen.« Solche Geistwesen müssen sich also nicht mehr inkarnieren. Ohne einen eigenen physischen Körper anzunehmen, können sie in einen lebenden Menschen hineinkommen und sogar alle Stadien mit ihm durchmachen, von der Zeit im Mutterleib über die Kindheit, die Jugend bis hin zur Reife, um mit ihm und in ihm zu wirken.

Viele Menschen wollen frei werden, jedoch verstehen sie die Sache falsch. Sie tun alles, um sich ihrer Verpflichtungen zu entziehen, um sich vor ihren Pflichten zu drücken, um alle Verbindungen abzubrechen, und damit halten sie sich für frei. Aber auf diese Art und Weise kann man sich nicht befreien. Die wahre Befreiung beginnt mit der Begleichung aller Schulden, die man hat. Wie viele Leute wollen sich von ihrer Frau oder ihrem Mann, ihren Kindern, ihrem Chef oder von der Gesellschaft befreien oder sogar von ihrem Leben, indem sie sich umbringen! Aber eine Befreiung ist nicht möglich, liebe Brüder und Schwestern, solange ihr nicht eure Schulden beglichen und euer gesamtes Karma abgetragen habt.

Man soll die Befreiung anstreben, gewiss, aber nach den göttlichen Regeln; und nur selten begegnet man Menschen, die das zu tun verstehen. Selbst hier in der Bruderschaft sehen nicht alle die Sache auf diese Weise; denn sie wollen um jeden

Preis unabhängig sein und entziehen sich dabei ihrer Pflichten. Das ist genauso, als wollten sie in einem Restaurant, nachdem sie gut gespeist haben, fortgehen, ohne zu bezahlen. Das ist unehrlich, es zeigt einen Mangel an edler Gesinnung. Und die Lichtgeister im Jenseits tolerieren eine solche Haltung nicht. Oft bildet man sich ein, man habe sich befreit, weil man seinen früheren Chef oder seine frühere Frau verlassen hat. Aber dann zeigt sich neuer Ärger, neue Fallstricke warten auf einen, um aufzuzeigen, dass man sich getäuscht hat. Man nennt das auch, vom Regen in die Traufe geraten.

Der beste Weg und die beste Methode, um sich zu befreien, ist die Liebe. Und am wenigsten geeignet sind Egoismus, Geiz, List und Berechnung. Durch Großmut, Opferbereitschaft, Güte und mit jeder Geste, bei der man geben möchte, arbeitet man immer an seiner Befreiung. Darum gebt, anstatt euch an euren Besitz zu klammern, zaghaft zu sein und Berechnungen anzustellen! Schaut doch nur, wie die Menschen bei einer Trennung oder einer Scheidung vorgehen, mit welcher Verbissenheit sie ihre Interessen verteidigen! Ja, aber sie wissen nicht, dass sie auf Grund dieser Haltung sich in späteren Inkarnationen wieder begegnen und erneut lernen müssen, sich zu ertragen.

Liebe, Großmut, Güte, Milde und Barmherzigkeit bringen den Schüler auf den Weg der Befreiung. Gewiss, wenn ihr von Güte und Opferbereitschaft zum Durchschnittsmenschen sprecht, dann hält er euch für den größten Dummkopf, da er nicht darüber aufgeklärt ist und den Wert des Großmuts nicht kennt. Ein Eingeweihter hingegen weiß, dass es wahrlich der Mühe wert ist, zu geben, zu helfen und großzügig und großmütig zu sein, denn dadurch wird man frei. Gebt also, gebt sogar mehr als es rechtens wäre, denn dadurch werdet ihr umso schneller frei.

III

Mit den Nationen, Ländern und Völkern verhält es sich ebenso wie mit jedem Menschen oder jedem Ding, das entsteht, wächst, dann altert und schließlich seinen Platz anderen überlassen muss; sie geben, was sie zu geben haben, und dann verschwinden sie wieder. Man könnte meinen, dass sie ruhen, um eines Tages wieder zu erwachen und erneut Fülle und Schätze zu geben. Allen Kulturen ist es so ergangen, und dies ist sogar das Schicksal der Religionen. Jede beginnt einmal und lebt auf, vergrößert mehr und mehr ihren Einfluss, erreicht ihren Höhepunkt, um dann zu erstarren und zu verknöchern, womit sie auch die großen Schlüssel des Lebens wieder verliert. Selbst die Mysterienkulte, selbst die Tempel des alten Ägypten, die diese Schlüssel, das Wissen und das entsprechende Können besaßen, was ist davon übriggeblieben? All die Priester und Lehrer der Mysterien, wo sind sie hin? Wo ist all das Wissen geblieben? Alle haben den unumstößlichen Gesetzen des Lebens gehorcht. Jedes Ding und jedes Wesen, das entsteht, muss einmal vergehen und seinen Platz anderen überlassen. Nur was keinen Anfang hat, hat auch kein Ende.

Schaut nur, was Griechenland in der Vergangenheit darstellte. All die außergewöhnlichen Menschen, die es der Welt geschenkt hat, die Poeten, Dramaturgen, Maler, Bildhauer, Architekten und Philosophen. Und heute...? Ein Land kann man mit einem Fluss vergleichen; das Flussbett ist immer dasselbe, aber das Wasser, das darin fließt, ist immer ein anderes, ein neues. Die »Bewohner« des Flusses, die Wassertropfen, kommen, ziehen vorbei und während andere nachkommen und ihren Platz einnehmen, fließen sie weiter zum Meer. Dort angekommen werden sie von der Sonne erwärmt, sie verdunsten, werden ganz leicht und fein und steigen in die Atmosphäre hinauf bis zu dem Tag, an dem sie als Regen oder Schnee wieder herabfallen, um von neuem in Sturzbächen und Flüssen in die Täler hinabzuströmen. Dies ist ein immerwährender Zyklus.

Und was ist ein Land? Das ist nichts anderes als ein Fluss, wo sich in unaufhörlicher Folge immer wieder andere Menschen inkarnieren, die aus anderen Gegenden herkommen. Oder es ist auch wie ein Haus, dessen Bestimmung es ist, zum Beispiel ein Jahrzehnt von bestimmten Mietern bewohnt zu werden und dann fünf Jahre lang von anderen Menschen. Zehn Jahre lang gibt es Musik, Gesang und Harmonie, dann wechseln die Mieter, und es herrscht eine andere, prosaische oder erregte Atmosphäre. Und doch ist das Haus immer dasselbe. Auf diese Weise erklärt sich das Schicksal vieler Länder. Griechenland ist immer noch dasselbe Land, jedoch sind die Bewohner nicht mehr dieselben wie vor dreitausend Jahren. Das Gleiche gilt ebenso für andere Länder.

Nun werdet ihr vielleicht sagen: »Ja, aber wie kommt es dann, dass zum Beispiel die Tibeter über Tausende von Jahren die gleichen Anschauungen, Vorstellungen und Bräuche bewahrt haben?« Schaut dafür den menschlichen Organismus an; die Zellen, die in ihm sind, erneuern sich; es sind nicht mehr dieselben, aber sie tun die gleiche Arbeit. Und wenn die Belegschaft einer Fabrik ausgewechselt wird, werden etliche Leute entlassen und andere eingestellt, die dann jeweils an einem bestimmten Computer, an einem optischen Gerät oder an einem elektrischen Schaltkreis arbeiten. Und das neue Personal, das an die Stelle des alten tritt, hat schon die gleichen Kenntnisse und ist schon darin geübt, dieselben Arbeiten auszuführen, um die gleiche Funktion ausüben zu können. Ebenso besitzen die Seelen, die sich in Tibet inkarnieren, eine Wesensverwandtschaft mit den Tibetern und sind bereit, dorthin zu gehen. Und die Tibeter, die darauf vorbereitet sind, wie die Franzosen zu sein, kommen nach Frankreich, um sich dort zu inkarnieren. Darum gibt es viele ehemalige Tibeter in Frankreich, auch unter den Kindern der Bruderschaft.

Nun mögt ihr fragen: »Und was ist mit den Juden, die jahrhundertelang immer wieder verfolgt wurden?« Die Juden, die ein Martyrium durchgemacht haben, waren Seelen, die aus den Völkern der ganzen Welt gekommen waren und sich in jüdischen Familien inkarniert hatten, denn entsprechend ihrer karmischen Belastung mussten sie verfolgt oder umgebracht werden. Aber sie waren keine Juden seit ewigen Zeiten. Zu einem bestimmten Zeitpunkt ihrer Entwicklung hat der Himmel bestimmt, dass sie in jüdischen Familien geboren wurden, um dort eine bestimmte Schuld zu sühnen. Und die heutigen Griechen sind ebenso Seelen, die von woanders hergekommen sind, um sich dort zu inkarnieren. Möglicherweise sind sie aus Bulgarien, denn zwischen beiden Ländern hat lange Zeit Hass geherrscht. Und viele Griechen haben sich in Bulgarien inkarniert, um dort belohnt oder bestraft zu werden; das kann man so ohne weiteres nicht sagen. Denn viele Menschen inkarnieren sich bei ihren früheren Feinden.

Ob ihr jemanden hasst oder ob ihr ihn liebt, eines ist gleich: Ihr knüpft Bande mit ihm. Der Hass ist ebenso mächtig wie die Liebe. Wenn ihr von jemandem frei werden und ihn niemals wiedersehen wollt, dann hegt ihm gegenüber keine Abscheu und liebt ihn auch nicht, sondern seid gleichmütig. Wenn ihr ihn verabscheut, bindet ihr euch mit Ketten an ihn, die niemand mehr lösen kann. Jahrhundertelang werdet ihr um ihn sein und mit ihm zu tun haben. Ja, darüber wisst ihr nicht Bescheid. Die Leute meinen, der Hass würde die Bande zerreißen. Aber ganz im Gegenteil ist der Hass eine Kraft, die euch an den verhassten Menschen bindet – ebenso wie die Liebe. Natürlich sind die so geschaffenen Bande unterschiedlicher Natur. Die Liebe bringt bestimmte Ereignisse für euch mit sich, und der Hass bringt andere mit sich; jedoch geschieht es ebenso sicher und mit gleicher Kraft wie bei der Liebe. Das sind Wahrheiten, die alle Völker einsehen müssen. Dann werden sie erkennen, wie lächerlich es ist, sich gegenseitig zu hassen.

Nun wundert euch nicht und nehmt es mir nicht übel, wenn ich euch sage, dass Frankreich seine Genies, die es heute noch besitzt, allmählich verlieren wird. Seine Künstler, Schriftsteller und Poeten haben der ganzen Welt außergewöhnlich große Schätze geschenkt. Wenn sich das Land jedoch weiterhin vom Himmel abwendet, von wo ja all dieser Reichtum herkommt, werden sich alle Genies woanders inkarnieren. Denn die großen Geister legen keinen Wert auf diese oder jene Nationalität; sie sind Bürger des Universums. Die Völker rühmen sich wohl, dass sie aus ihnen hervorgegangen sind. Fragt ihr sie jedoch nach ihrer Meinung, dann antworten sie: »Wir fühlen uns überall im Universum wohl; unsere Heimat ist das ganze Universum.« Wenn man im Übrigen in der jenseitigen Welt anlangt, haben Fragen der Nationalität keine Bedeutung mehr. Hättet ihr nur sehen können, wie die französischen und deutschen Soldaten, die während des letzten Krieges getötet wurden, sich dort oben zusammenfanden! Sie lachten zusammen, stießen miteinander an und fanden sich so dumm, weil sie sich gegenseitig umgebracht hatten, obwohl sie doch alle Kinder Gottes sind!

Für die unsichtbare Welt ist es so leicht, ein Land zu Fall zu bringen und ein anderes dafür an die erste Stelle zu setzen! Warum tut sie das?... Nun, das ist ihre Sache. Schaut euch zum Beispiel an, was Bulgarien vor einigen Jahrhunderten war. Es war überhaupt nichts, ein armes, elendes, getretenes Land. Weder Denker, Künstler noch Wissenschaftler brachte es hervor. Und nun ändert sich das allmählich, denn weder die Blütezeit noch der Verfall eines Landes dauern ewig an. Und China? Wie viele Jahrhunderte lang war es wie im Schlaf, rückständig, betäubt? Und nun erwacht es und lässt die ganze Welt erzittern. Wie erklärt sich das? Wer lenkt das alles? Und aus welchem Grund?

Alles wird von oben gelenkt. Es sind die himmlischen Hierarchien, die entscheiden; und für sie ist das ein Leichtes. Das geht so wie bei der Entwicklungshilfe. Stellt euch ein sehr verarmtes, in allen Bereichen unterentwickeltes Land vor. Und nun schickt ihm ein anderes, fortschrittlicheres und reicheres Land eine ganze Mannschaft von Ingenieuren, Wirtschaftlern und Wissenschaftlern. Diese sind in der Lage, das Land in einigen Jahren aufzurichten. Die unsichtbare Welt macht dasselbe, sie sendet Ingenieure, Gelehrte und Künstler aus, das heißt eine ganze Mannschaft von hoch stehenden Seelen. Und im Handumdrehen richten diese eine ganze Zivilisation wieder auf. Manchmal genügt ein einziger hervorragender Politiker, um ein ganzes Land in wenigen Jahren auf die Höhe zu bringen.

Es mag sein, dass sich manche von euch gekränkt fühlen und dass es ihnen nicht recht ist, wenn ich sage, dass ihr Land einschläft; aber ich kann ja nichts dafür, ich stelle das lediglich fest. Es ist keinerlei Chauvinismus dabei und keine Voreingenommenheit. Ich bin weder Bulgare noch Franzose; ich bin ein Bürger des Universums, ein Sohn der Sonne. Ja, ich gehöre nicht einmal der Erde an. Warum sollte ich mich also über Bulgarien, Griechenland oder Frankreich streiten? Ich stehe über den Grenzen. Aber ich stelle doch fest, dass die Wissenschaftler in den slawischen Ländern bei den parapsychologischen Entdeckungen, bei der Telepathie, der Psychometrie, der Hellsichtigkeit und der Radiästhesie derzeit am weitesten gegangen sind. Selbst wenn die gegenwärtige Situation allem Anschein nach keinerlei Entwicklung in dieser Richtung anzeigt, wird Russland dennoch eines Tages die marxistische Weltanschauung aufgeben, und die Kommunisten werden Brüder der großen Universellen Weißen Bruderschaft.

Aber selbst wenn es schon einen großen Fortschritt darstellt, was die Russen derzeit auf dem Gebiet der Parapsychologie entdeckt haben, so ist es doch kaum ein Hundertstel von dem, was ich euch schon seit Jahren enthüllt habe. Eines Tages wird die Einweihungswissenschaft jedoch in der ganzen Welt verbreitet sein, aber natürlich nicht auf den höchsten Stufen, denn eine Grenze, ein verbotener Bereich wird bleiben. Die Menschen werden keinen Zugang zu den letzten Geheimnissen haben. Sie sind noch nicht bereit genug, diese schon zu empfangen; denn von Natur aus sind sie immer geneigt, alle Entdeckungen dafür einzusetzen, zu herrschen, alles auszubeuten und für sich zu vereinnahmen. Bald werden jedoch bestimmte Wahrheiten bekannt und der ganzen Welt sichtbar gemacht werden. Das wird der Beginn der Sonnenkultur sein.

IV

Lesung des Tagesgedankens:

»Das unscheinbarste Blümchen, das auf der Erde erscheint, ist mit dem ganzen Universum verbunden. Erscheint es aber zu früh, so entzieht die Natur, die mit ihm nicht in Übereinstimmung ist, seine Unterstützung, und es stirbt.

Damit ihr auf die Erde kommen konntet, war es auch nötig, dass die gesamte Schöpfung dem zustimmte. Nun mögt ihr sagen: »Aber ich bin doch so gut wie nichts. Wie kann es angehen, dass die Natur sich um meine Geburt kümmert.« Es ist nun einmal so. Das kosmische Budget ist angeschaut worden, es wurde entschieden, dass ihr kommen durftet, und es wurde irgendwo eingeplant, wie viel ihr essen und trinken würdet. Alles ist miteinander verbunden. Alles, was irgendwo erscheint oder existiert, ist mit dem Kosmos verbunden. Nichts kann sich auf der Erde oder im Himmel ereignen ohne die Zustimmung der gesamten Schöpfung.«

Ich weiß, dass viele, wenn sie diesen Gedanken hören, erstaunt, ja, schockiert sind, denn die Menschen sind weit davon entfernt, die Dinge so zu betrachten. Ihrer Ansicht nach ist alles, was geschieht, eine Sache des Zufalls. Nichts ist so gewollt oder vorhergesehen, keinerlei Intelligenz lenkt die Lebenserscheinungen auf der Erde; und auf Grund dieser irrigen Lebensanschauung begreifen sie nichts von den Ereignissen, die in der Welt geschehen.

Nehmt zum Beispiel einen Baum. Damit ein Baum wachsen, blühen und Früchte tragen kann, muss die gesamte Natur dabei mitwirken. Die Erde muss ihm die nötige Nahrung liefern, sonst stirbt er. Wenn es ihm an Wasser, Luft, Sonne oder Erde mangelt, manchmal auch an Pflege durch die Menschen, kann er ebenso wenig leben. Der Baum braucht also die ganze Schöpfung, nur sieht man das nicht, weil das keine wahrnehmbaren Prozesse sind. Und daher glaubt man, der Baum sei einfach so, rein zufällig da. Und der Mensch? Er lebt, atmet und bewegt sich... und die ganze Schöpfung nimmt daran teil und gibt ihre Zustimmung, sodass er weiterleben kann. Würde sie ihm nur einige Stoffe verweigern, etwa Luft, Wasser, bestimmte Vitamine oder Hormone, so ist es um ihn geschehen. Von woher bekommt er diese so notwendigen Stoffe? Das ganze Universum gesteht sie ihm bereitwillig zu.

Schaut doch nur, wie die Dinge in der Welt, in einem Staat, einer Verwaltung oder einer Familie ablaufen. »Ja«, werdet ihr nun einwenden, »aber dort sind Leute, die überlegen, die das Budget berechnen und die Ausgaben festlegen, wie viel für Nahrung, Heizung, Unterhalt usw. aufzuwenden ist, die auch entscheiden, welche Einsparungen vorzunehmen sind, welche Personen zu entlassen, zu behalten oder einzustellen sind.« Und dann meint ihr, wenn es sich um die Ankunft eines Lebewesens auf der Erde handelt, niemand hätte das vorausgeplant und für gut befunden? In einer Familie, einer Stadt oder einem Staat läuft alles nach Berechnungen, Plänen und Budgets ab, und ihr meint, dass im Universum nichts vorausberechnet sei und alles rein zufällig geschehe? Also wirklich, die Unwissenheit der Menschen ist bodenlos. Aber auch droben gibt es intelligente Wesen, die berechnen, wie viele Menschen auf die Erde herabkommen und wie viele Jahre sie dort bleiben dürfen. Auch das ist ein ganzes Wirtschaftssystem!

Alle Bedürfnisse der Menschen sind eingeplant, für ihr Leben ist vorgesorgt, und sie bilden sich ein, die Dinge geschähen einfach so, rein zufällig und egal wie. Sie meinen sogar, niemand habe sich darum gekümmert, wenn es zum Beispiel darum geht, jemanden wie Jesus zu entsenden, eine günstige Zeit und den astrologisch richtigen Augenblick zu finden. Jesus wäre demnach also einfach so, ganz zufällig gekommen, ohne dass man wissen könnte warum... Aber so ist das nicht. Sein Kommen ist durch himmlische Wesen von oben entschieden worden. Nichts ist dem Zufall überlassen. Selbst das Kommen Hitlers ist im Voraus geplant und entschieden worden, damit er so manchen einige Lektionen erteilen und auch selbst welche empfangen konnte.

Nun mögt ihr fragen: »Aber wie machen sie es denn dort oben, um so viele Dinge vorauszuplanen?« Und wenn ich euch nun sage, dass alles automatisch geht, dass sie dafür Computer haben... Denn es sind gewiss nicht die Menschen, die die Computer erfunden haben; die gibt es schon seit langer Zeit in der Natur. Die kosmische Maschinerie, die alle nötigen Informationen über die Vergangenheit eines Menschen besitzt, legt fest, dass er in einem bestimmten Land und Jahr mit einem bestimmten Körper und festgelegten Eigenschaften geboren wird. Dann gibt es Geistwesen, die mit der Überwachung der Einhaltung dieser Bestimmungen betraut sind. Alles ereignet sich genau zur festgesetzten Zeit. Wenn ein Unfall geschehen soll, überwachen sie dies, warten den Moment ab und lösen den Unfall aus, der unweigerlich eintritt. Die Leute meinen, dies sei ein Zufall. Aber nein, es war mathematisch genau festgelegt. Soll ein Kind zu einer bestimmten Zeit geboren werden, dann legt die »Elektronik« ganz genau auf dem Tierkreis das Sternzeichen, den Aszendenten und die Position der Planeten mit ihren jeweiligen Aspekten fest. Und das Kind kommt genau in diesem Moment zur Welt; sogar die Zeugung war vorhergesehen und zeitlich festgelegt. Alles in seinem Geburtshoroskop entspricht genau dem, was er in seinen früheren Leben getan hat. Ob er glücklich sein wird oder ob er leiden und Unfälle erleben muss, alles wird automatisch entschieden.

»Ja«, mögt ihr nun einwenden, »und wo bleibt dann die Freiheit?« Die Freiheit, nun, die befindet sich im Geiste. Sie ist jedes Mal da, wenn der Geist sich zeigt und bestimmte Dinge verbessern, ändern oder beschleunigen will. In seiner Gesamtheit wird das Leben jedoch in Gang gesetzt wie eine Maschine, die eingeschaltet wird, wie die kleinen Spielzeugeisenbahnen für die Kinder, die auch in einem bestimmten Augenblick stehen bleiben, weil man sie nicht wieder aufgezogen hat. Der Mensch gleich einem Apparat, den man aufzieht und der dann eine bestimmte Zeit lang lebt. Und wie eine Modelleisenbahn trifft er unweigerlich an bestimmten Wegstellen auf Tunnels oder kleine Hindernisse. Alles ist schon vorausberechnet, selbst die »zufälligen« Begegnungen. Wenn ihr einem Menschen begegnet, der euer Leben durcheinanderbringt, so war das schon seit langem vorhergesehen. Selbst die große Liebe auf den ersten Blick war vorhergesehen und ist schon lange vor eurer Geburt eine beschlossene Sache gewesen. Wenn ihr ein Baby seht, ist schon alles in ihm angelegt, die »Anschlüsse, die Kreisläufe, die Installationen«. Es ist wie in einer Fabrik, wie in einem Staat, es ist wie eine Sternenkonstellation, es ist ein Universum für sich!

Seid nicht verwundert darüber, dass allein dafür, dass eine Blume leben und gedeihen kann, das Universum zustimmen und für ihren Unterhalt sorgen muss, da sie sonst stirbt. Das Gleiche gilt auch für euch. Wenn ihr günstige geistige, seelische und physische Bedingungen vorfindet, könnt ihr wachsen und aufblühen. Hingegen stehen andere Bedingungen eurer Entwicklung entgegen und hemmen euch. Manchmal sind bestimmte Bedingungen günstig für euch und ungünstig für andere oder umgekehrt. Ihr könnt also allerlei gute Eigenschaften und Fähigkeiten besitzen, während andere euch fehlen, wie zum Beispiel die Gesundheit, und zwar weil ihr mit bestimmten Kräften und Strömen des Universums nicht in Übereinstimmung wart, was dann Störungen hervorruft.

Darum müsst ihr an der Harmonie arbeiten und so weit kommen, euch in Harmonie mit der ganzen Welt, den Sternen und dem Universum zu bringen, denn sonst wird es immer irgendetwas oder irgendjemand geben, der oder das euch stört. Ihr mögt zum Beispiel mit eurer Familie und eurem Nachbarn in Harmonie sein; wenn jedoch andere Leute euch Böses wollen, wird es immer Schwierigkeiten geben. So sind die guten Dinge oft mit schlechten vermischt. Und darum dränge ich immer wieder darauf, dass ihr euch mit dem ganzen Kosmos in Harmonie bringt, damit alles in euch schön und lichtvoll ist und dem Ideal entspricht.

Ein weiteres Beispiel: Stellen wir uns einmal vor, ihr hättet einen Freund, der euch liebt und euch wirklich unterstützt, und andererseits einen Feind, der nur danach trachtet, euch zu schaden. Nun kann unglücklicherweise der eine nicht ohne den anderen sein. Während ihr nun mit eurem Freund (oder eurer Liebsten) wunderbare Momente verbringt, bereitet euer Feind euch unaufhörlich Unannehmlichkeiten, Streitereien und Kummer. Ob ihr es nun wollt oder nicht, auch dieser Feind zählt in eurem Leben, und er schadet euch. Darum muss man mit der ganzen Welt in Harmonie sein.

Selbstverständlich ist das schwierig; aber man muss zumindest versuchen, mit den Wesen, die über uns stehen und unser Leben lenken und leiten, in Harmonie zu kommen. Und dann muss man daran arbeiten, auch seine Angelegenheiten mit den Menschen in Ordnung zu bringen. Darum heißt es eben: »Bevor die Sonne untergeht, versöhne dich mit deinem Bruder.« Bevor die Sonne untergeht, das heißt, bevor diese Inkarnation zu Ende geht, denn danach ist es sehr schwierig, die Dinge wiedergutzumachen. In diesem Leben müsst ihr zu den Leuten, denen ihr Schaden zugefügt habt, hingehen, euch mit ihnen einigen und ihnen Genugtuung geben, um in Frieden zu leben. Jeder negative Gedanke, jedes negative Gefühl und jede negative Tat ist immer schädlich. Selbst wenn man nichts davon sieht, sind sie doch lebendige Wesenheiten, die von euch ausgehen, ihren Adressaten finden und sich daran machen, ihm zu schaden. Und eines Tages müsst ihr für das Übel, das sie angerichtet haben, büßen.

Befassen wir uns nun mit der Vorstellung, dass unser Schicksal vorherbestimmt ist. Wie ich euch schon in einem anderen Vortrag gesagt habe, hat man die Möglichkeit, bevor man auf die Erde kommt, mit der Zustimmung der himmlischen Hierarchien manche Dinge zu verbessern. Ist man einmal geboren, hat man diese Möglichkeiten nicht mehr; alles muss nach einem vorausgeplanten Schema ablaufen. Der Knochenbau, die Muskulatur, das Kreislauf- und das Nervensystem, die Gesundheit und die Intelligenz, alles steht fest, und damit ist das Schicksal schon vorgezeichnet. Stellt euch einen Menschen vor, der hässlich, verkümmert und missgestaltet zur Welt kommt. Nun, sein Schicksal steht doch schon fest. Er wird nicht so viel Freude, Glück und Erfolg erleben. Ein

Mädchen hingegen, das hübsch, entzückend und mit viel Charme ausgestattet geboren wird, auch sein Schicksal ist schon vorgezeichnet. Sie wird zur Schönheitskönigin gewählt, zu Empfängen geladen, von Reportern umschwärmt und bald schon kommt der Multimilliardär, der um ihre Hand anhält.

Darum habe ich schon oft zu euch gesagt, für dieses Leben könnt ihr euer Schicksal nicht enorm ändern; aber für das nächste stehen euch alle Möglichkeiten offen durch eure Arbeit, eure Gedanken und eure Gebete. In dieser Inkarnation sind euch Grenzen auferlegt, in der nächsten werdet ihr jedoch alles haben, um was ihr jetzt bittet. Das müsst ihr wissen, denn sonst könnt ihr für eure nächste Inkarnation nichts verbessern. Warum befinden manche Menschen sich in einer so beklagenswerten Lage? Weil sie in der vorhergehenden Inkarnation nicht wussten, um was sie bitten und woran sie arbeiten mussten, um heute bestimmte Möglichkeiten und gute Eigenschaften zu haben. Sie wussten es damals nicht, und wenn sie nun in dieser Unkenntnis verbleiben, wird auch die nächste Inkarnation ein Fehlschlag sein.

Darum hört gut auf mich, liebe Brüder und Schwestern, nutzt meine Ratschläge, nutzt all die Jahre, die ihr noch in diesem Leben habt, meditiert, wünscht und erbittet die besten Dinge, denn damit startet ihr bereits Projekte, die sich in der

Zukunft materialisieren und konkretisieren werden. Die momentane Realität widersteht und widerstrebt der Änderung. Das ist normal so, denn solange sie nicht verbraucht ist, kann sie nicht ersetzt werden. Wenn der Mensch jedoch stirbt, nimmt das, was er durch seine Gedanken an Gutem geschaffen hat, auf der physischen Ebene feste Form an. Dann kehrt er mit Schönheit, Intelligenz, Gesundheit, und Güte ausgestattet zurück, weil sich die von ihm in diesem Sinn ausgesandten Gedanken in einer neuen Form materialisiert haben. Und diese Form ist wiederum haltbar und widerstandsfähig; sie widersetzt sich den für sie negativen und zerstörerischen Kräften. Die Arbeit, die wir jetzt machen, ist also nicht so sehr für diese Inkarnation. Daher kommen viele Brüder und Schwestern zu mir, um mir zu sagen: »Ich sehe keine Ergebnisse, Meister, seit Jahren arbeite ich, und nichts hat sich geändert. Ich bin immer noch der Gleiche.« Aber darauf antworte ich: »Ihr habt das noch nicht richtig verstanden; ihr habt wirklich etwas geändert, nur müsst ihr abwarten. Wenn die gegenwärtige Form verschwindet, werdet ihr die neue sehen, nämlich die, an der ihr gearbeitet habt. Und ihr werdet über ihre Pracht ganz verblüfft sein.«

Ich sagte euch vorhin, dass die Freiheit sich im Geiste befindet. Allerdings muss ich dem noch einige Erklärungen hinzufügen. Beobachtet einmal das Verhalten eines Tieres oder eines Kleinkindes.

Das Tier gehorcht den Naturgesetzen; es hat nicht die Freiheit, den Lauf der Dinge zu ändern und sich ihm zu widersetzen. Das ist ihm nicht gegeben. Also gehorcht es und fügt sich, es bleibt den Naturgesetzen treu, und darum ist es unschuldig. Auch das Kind gehorcht noch seinen inneren Instinkten und Trieben. Es verfügt noch nicht über seine Intelligenz und seinen Willen; es ist einem kleinen Tier vergleichbar. Erst einige Jahre später erlangt es die Fähigkeit, sich der Natur und ihren Gesetzen zu widersetzen. Es kann entscheiden, ob es in Harmonie mit diesen Gesetzen leben oder sie übertreten will.

Und wenn sich der Mensch nun mit nichts anderem beschäftigt als damit, zu essen, zu schlafen, sich zu amüsieren, Kinder in die Welt zu setzen und für seinen Lebensunterhalt zu arbeiten, dann führt er ein rein vegetatives oder ein instinktives Leben auf der Stufe der Tiere, egal was er auch darüber denken mag. Denn die Tiere und die Pflanzen machen es ebenso. Ein solches Leben führt er fast unabhängig von sich selbst, von seinem Willen und seinem Bewusstsein. Er wächst heran, wird dann wieder schwächer und scheidet schließlich dahin; dafür kann er nichts.

Wenn der Mensch jedoch anfängt, sich mit seinem Bewusstsein und seiner Intelligenz um dieses instinktive Leben zu kümmern, es zu prüfen, zu läutern und ihm ein geistiges Element beizugeben, so wird dieses zu einem starken Faktor, der sein Leben verändern kann. Was ist das Schicksal? Das ist eine unerbittliche Verkettung von Ursachen und Wirkungen, denen das rein animalische, biologische, instinktive Leben völlig unterworfen ist. Wie sieht zum Beispiel das Schicksal eines Hähnchens aus? Es kann weder König, noch Dichter oder Musiker werden. Es ist für den Kochtopf vorherbestimmt. Das Schicksal des Hähnchens ist der Kochtopf. Alle Geschöpfe haben somit ihr eigenes Schicksal. Das des Wolfes besteht darin, dass er gejagt, gefangen, getötet oder in einen Tierpark gebracht wird. Selbst die Schafe und die Tauben haben ein Schicksal, das völlig mit dem übereinstimmt, was sie entsprechend ihrer Aktivität und den Elementen, aus denen sie bestehen, darstellen.

Will man dem Schicksal entrinnen, muss man aufhören, sklavisch, schwach und Knecht des niederen Lebens zu sein, wo nichts von einem selbst abhängt, wo es nur ums Atmen, um Fortpflanzung, Essen, Trinken und Schlafen geht. Ein solches Leben ist weit davon entfernt, göttlich zu sein. Es ist in dem Maße göttlich, als es von Gott gegeben ist, denn alles kommt von Gott. Aber im spirituellen Sinn ist es noch nicht göttlich. Das göttliche Leben beginnt, wenn der Mensch erkennt, dass er nicht nur aus Magen, Bauch und Geschlechtsteilen besteht, dass er nicht nur ein Wesen aus Fleisch, Knochen und Muskeln, sondern dass er auch Geist ist, und wenn der Wille erwacht, als Geist in dessen Bereich zu wirken, um erhabene, lichtvolle und großartige Werke zu schaffen. Ja, in diesem Augenblick entzieht er sich dem Schicksal, denn das besteht darin, krank zu werden, zu sterben, auf den Friedhof gebracht zu werden und dort zu verfaulen. Dieses Schicksal steht schon fest – ich spreche hier von der physischen Ebene –, es ist schon beschlossene Sache, dem kann keiner entgehen.

Das spirituelle Leben gibt einem jedoch die Möglichkeit, dem vegetativen und instinktiven Leben etwas hinzuzufügen und auf diese Weise auf eine höhere Ebene als die des Schicksals zu gelangen. Dafür ist es aber notwendig, dass der Geist beginnt, hervorzutreten, sich zu manifestieren und zu arbeiten, dass er auf allen Dingen seine Spuren, seine Prägung, sein Siegel hinterlässt, dass er bei all euren Handlungen zugegen ist und die Führung übernimmt. Damit erhebt ihr euch über euer Schicksal und betretet die Welt der göttlichen Vorsehung. Allen Körpern ist es vorherbestimmt, wieder zu Staub zu werden; ja, den Körpern, aber nicht dem Geist. Dieser unterliegt nicht dem Schicksal, er untersteht den Gesetzen der göttlichen Vorsehung.

Wie kann man nun die Ebene der Vorsehung erreichen? Dafür muss man wissen, dass sich zwischen den Regionen des Schicksals und der Vorsehung der freie Wille befindet. Und für den Schüler besteht also die Aufgabe darin, seinen Willen so frei werden zu lassen, dass sich dieser in die Welt des Geistes begeben und dort wirken und arbeiten kann. In diesem Augenblick gelangt er unter den Einfluss der Vorsehung, und eine unendliche Vielfalt an Möglichkeiten und Wegen tut sich vor ihm auf. Er kann wählen, was er mag, und die getroffene Wahl ist immer wunderbar. In der Welt des Schicksals hingegen hat man keine Wahl, dort gibt es nur einen Weg, nämlich den der Zerstörung, des Zerfalls und der Auflösung. Welches Schicksal erwartet den Ochsen? Bis an das Ende seiner Tage wird der Ärmste vor den Pflug gespannt. Oder er wird geschlachtet und endet in einem Metzgerladen. Der Ochse kann sein Schicksal nicht ändern, ebenso wenig wie die anderen Tiere.

Alle Menschen, die das Licht der Einweihungswissenschaft nicht besitzen, leben in ihr Schicksal hineingetaucht, und unaufhörlich werden sie herumgestoßen, niedergedrückt und gequält. Die Welt des Schicksals ist unerbittlich. Wenn der Mensch dem unterworfen ist, sei er auch ein König oder ein Kaiser, so ist dieses Schicksal unbeugsam. Es erfüllt sich, und dann fällt der Kopf unter der Guillotine. Es ist sehr schwierig, dem Schicksal zu entrinnen, da man sich über viele vorhergehende Inkarnationen hinweg ein schweres Karma geschaffen hat. Nun sind die Gesetze von Ursache und Wirkung aber absolut wirksam, und das Schicksal, das kein Bewusstsein hat und kein Mitleid empfindet, kommt ebenso unfehlbar zur Geltung wie ein physikalisches Gesetz, wenn ihr gegen ein Glas schlagt und es in Stücke zerbricht. Immer gleichbleibende und wahrhaftige Gesetze, das ist das Schicksal!

In dieser Inkarnation haben wir die Möglichkeit, uns gute Bedingungen für die nächste zu schaffen. Man muss dies nur wissen und bewusst handeln. Falls man gegenwärtig jedoch nicht daran arbeitet, kann die nächste Inkarnation schlimmer sein. Wenn die Kirche also die Menschen vom Glauben an die Reinkarnation abhält, hindert sie diese daran, ihre Zukunft zu verbessern. Die Christen wissen nicht, welche Möglichkeiten ihnen in Wirklichkeit offen stehen. Ihnen wird gesagt, dass sie nach ihrem Tod zur Rechten des Herrn sitzen werden, weil sie jeden Sonntag zur Messe gegangen sind oder dass sie für alle Ewigkeit in der Hölle in einem Kochtopf schmoren werden, weil sie eben nicht zur Kirche gegangen sind. Wenn es doch bloß so einfach wäre, sich zur Rechten des Herrn zu setzen! Warum werden die Menschen derart in die Irre geführt? Um sie zu trösten?... Aber man darf sie nicht trösten, man muss ihnen die Wahrheit erklären.

Ich fasse noch einmal zusammen: Alle Menschen, die sich allein von ihren Instinkten und ihren physiologischen Bedürfnissen leiten lassen, ohne eine spirituelle Arbeit zu machen, und davon gibt es sehr viele auf der Erde, können ihr Schicksal nicht ändern. Alles, was ihnen bestimmt ist, wird sich erfüllen. Jedoch alle, die voller Hingabe daran arbeiten, sich der Welt des Lichtes und der Liebe zu nähern, können dem entgehen. Das Schicksal ist hart und unerbittlich, aber sie stehen nicht mehr völlig in seiner Macht, denn sie leben nun in feineren Regionen, wo sie Stoffe aufnehmen, welche die schädlichen Einflüsse neutralisieren. Wenn ihr so wollt, handelt es sich dabei auch um ein Schicksal, denn auch die göttliche Vorsehung ist eine Art Schicksal. Sie ist jedoch von anderer Art; auch bei ihr ist alles vorherbestimmt, aber göttlich vorherbestimmt!

Genauso ist es. Und was ich euch gerade gesagt habe, ist sehr wichtig. Ihr wisst nun, wenn ihr euch damit begnügt, so wie jedermann zu leben, ohne etwas auf den höheren Ebenen zu tun, dann könnt ihr an eurem Schicksal nicht viel ändern. Ihr könnt dann eure Zukunft nicht gestalten, da ihr euch dem unterwerft, was schon existiert. Es ist im Übrigen möglich, dass ihr ein »gutes Schicksal« habt. Es gibt Schicksale, die dem Anschein nach sehr günstig sind, wie zum Beispiel bei Menschen, die in Reichtum, in Fülle und in Sorglosigkeit leben. Niemand stört sie, sie essen und trinken nach Herzenslust, sie reisen, heiraten und haben Kinder... ein herrliches Leben! Nun ist das allerdings in den Augen der Eingeweihten nicht gerade das beste Leben. Es gibt andere Menschen, die arbeiten, kämpfen, leiden, auf Hindernisse stoßen und schließlich nichts mehr besitzen... und die Eingeweihten sehen, dass ihr Leben in Wirklichkeit fruchtbarer ist als das der anscheinend so begünstigten Leute.

Die Menschen haben eine zu materialistische Vorstellung von Glück. Sogar die Astrologen haben sich von dieser Denkweise anstecken lassen. Wenn sie ein Schicksal voraussagen sollen, dann sagen sie: »Oh, das ist ja großartig, Sie haben Jupiter im zweiten Haus, die Sonne im zehnten und Venus im siebten. Also werden Sie einflussreich und wohlhabend sein, Sie werden Glück in der Liebe haben, Sie werden alles haben, was Sie sich wünschen.« Sehen sie allerdings Planeten, die im Quadrat oder in Opposition zueinander stehen, prophezeien sie einem alles erdenkliche Unglück und beklagen einen. Sie verstehen das eben nicht besser! Niemals würde ein Eingeweihter eine solche Interpretation geben. Er schaut in eurem Horoskop nach, ob es euch gelingen wird, bestimmte Aufgaben zu erfüllen, den Willen Gottes zu tun und göttliche Dinge zu bewerkstelligen. Und darüber hinaus kümmert er sich weder um

Quadrate, um Oppositionen noch um Planeten im Exil oder im Fall.

Aber nur wenige der heutigen Astrologen sind in der Lage, ein solches Licht zu bringen, mit solch anderen Augen zu schauen und solch eine andere Interpretation zu geben. Sie bleiben der gewöhnlichen Denkweise unterworfen und beurteilen die Dinge wie alle Materialisten, die meinen, der Sinn des Lebens hinge nur vom Geld und vom Erfolg ab. Aber das ist doch alles vergänglich, und es vergeht sehr schnell wieder; und was ist dann?... Es ist nicht einem jeden gegeben, den spirituellen Wert eines Geburtshoroskops zu erkennen. Dort, wo andere in Schreie der Bewunderung ausbrechen, sehe ich, dass es sich um Leute handelt, die nichts für den Himmel tun werden. Und doch haben sie ein »gutes Horoskop«, sie haben Talente, Reichtum, einen hohen Platz in der Gesellschaft, und in Wirklichkeit sind sie in den Augen des Himmels die allergewöhnlichsten und unbedeutendsten Menschen. Unter keinen Umständen möchte ich mit ihnen tauschen oder ein so »gutes Horoskop« haben wie sie. Es gibt andere, den gewöhnlichen Astrologen unbekannte Kriterien, um ein Horoskop zu beurteilen.

Ich könnte noch eine Menge von Punkten anführen, um euch zu zeigen, dass die Astrologen kein rechtes Verständnis der Dinge besitzen. Anstatt euch zu sagen, dass ihr in diesem oder jenem

Bereich eine Schuld zu begleichen habt und euch zu erklären, wie ihr dies tun könnt, geben sie euch Ratschläge, wie ihr einem Unfall entgehen könnt, der sich an einem bestimmten Tag ereignen könnte. Aber diese Ratschläge werden euch nicht davor bewahren. Der Unfall wird dennoch kommen, und zwar nicht an dem Tag, für den sie euch abgeraten haben hinauszugehen, sondern eben am Tag davor oder danach. Denn das Karma mag Betrug und Mogelei nicht und lässt sie Fehler in ihren Berechnungen machen.

Nun werdet ihr sagen: »Ja, aber wozu ist denn die Astrologie gut, wenn man damit sein Los nicht bessern kann?« Nun, damit könnt ihr euer Los schon erträglicher machen, aber nicht indem ihr weglauft. Dafür sind lange Erklärungen nötig, aber ich will euch trotzdem ein Beispiel geben. Nehmen wir einmal an, ihr wisst, dass ihr eine bestimmte Summe an einem festgesetzten Tag zu bezahlen habt, sonst werden eure Möbel gepfändet, ihr werdet aus dem Haus geworfen und seid Regen, Kälte und Krankheit ausgeliefert. Um euch diese Unannehmlichkeiten zu ersparen, bereitet ihr euch vor, anstatt das Ereignis nur tatenlos abzuwarten. Ihr arbeitet und spart, und wenn der Tag kommt, bezahlt ihr die Summe und werdet nicht von daheim verjagt. Dieses Bild kann in alle Bereiche des Lebens übertragen werden. Durch spirituelle Arbeit könnt ihr einen Unfall, eine Krankheit oder ein finanzielles Debakel, das euch erwartet, erfolgreich abwenden.

Nun, meine lieben Brüder und Schwestern, ich habe heute absolute Wahrheiten an euch weitergegeben. Geht nun hin, befasst euch damit, überprüft sie, und ihr werdet sehen, dass ich euch nicht in die Irre führe. Große Möglichkeiten stehen euch offen, da die Lehre euch hilft, euch vorbereitet und euch erklärt, wie ihr euch eine großartige Zukunft gestalten könnt.

Verlag-Auslieferung

ÉDITIONS PROSVETA S.A.
B.P. 12 – F-83601 Fréjus Cedex (France)
Tel. (33) 04 94 19 33 33, Fax (33) 04 94 19 33 34

DEUTSCHLAND
PROSVETA VERLAG GMBH
Postfach 16 52, 78616 Rottweil
Tel. 0741-46551, Fax 0741-46552
E-Mail: prosveta7@aol.com
Internet: www.prosveta.de

ÖSTERREICH
HARMONIEQUELL VERSAND
Hof 37/4, 5302 Henndorf
Tel. und Fax 06214 7413
E-Mail: info@prosveta.at
Internet: www.prosveta.at

SCHWEIZ
ÉDITIONS PROSVETA
1808 Les Monts-de-Corsier
Tel. 021 9219218, Fax 021 9229204
E-Mail: prosveta@prosveta.ch
Internet: www.prosveta.ch

Auslieferungsadressen für weitere Länder finden Sie unter
www.prosveta.com